Mis **ojos** son **grandes** y **rojos**

por Joyce Markovics

Consultores:
Christopher Kuhar, PhD
Director Ejecutivo
Zoológicos de la ciudad de Cleveland, Ohio

Kimberly Brenneman, PhD
Instituto Nacional para la Investigación de la Educación Temprana
Universidad de Rutgers
New Brunswick, Nueva Jersey

BEARPORT
PUBLISHING

New York, New York

Créditos

Cubierta, © Juniors Bildarchiv GmbH/Alamy; 4–5, © Aleksey Stemmer/Shutterstock; 6–7, © age fotostock/Alamy; 8–9, © Stephen Dalton/ naturepl.com; 10–11, © Dirk Ercken/Dreamstime.com; 12–13, © iStockphoto/Thinkstock; 14–15, © Joe McDonald/Corbis; 16–17, © iStockphoto/Thinkstock; 18–19, © Michael Durham/ Minden Pictures/NGS Image Collection; 20–21, © Michael Durham/Minden Pictures/NGS Image Collection; 22, © iStockphoto/Thinkstock; 23, © iStockphoto/ Thinkstock; 24, © iStockphoto/Thinkstock.

Editor: Kenn Goin
Editora principal: Joyce Tavolacci
Director creativo: Spencer Brinker
Diseñadora: Debrah Kaiser
Editora de fotografía: Michael Win
Editora de español: Queta Fernandez

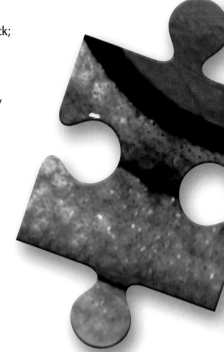

Datos de catalogación de la Biblioteca del Congreso

Markovics, Joyce L., author.
  [My eyes are big and red. Spanish]
  Mis ojos son grandes y rojos / Joyce Markovics; consultores: Christopher Kuhar, PhD, Director Ejecutivo, Zoológicos de la ciudad de Cleveland, Ohio; Kimberly Brenneman, PhD, Instituto Nacional para la Investigación de la Educación Temprana, Universidad de Rutgers, New Brunswick, Nueva Jersey.
       pages cm. — (Pistas de animales)
  Includes bibliographical references and index.
  ISBN 978-1-62724-579-1 (library binding) — ISBN 1-62724-579-0 (library binding)
  1. Hylidae—Juvenile literature. [1. Red-eyed treefrog.] I. Title.
  QL668.E24M2918 2015
  597.8'78—dc23
                          2014031737

Para más información, escriba a Bearport Publishing Company, Inc., 45 West 21st Street, Suite 3B, New York, New York 10010. Impreso en los Estados Unidos de América.

10 9 8 7 6 5 4 3 2 1

Contenido

¿Qué soy?

Mira mis patas
y mis dedos.

Son anaranjados.

5

Mi lomo es
liso y verde.

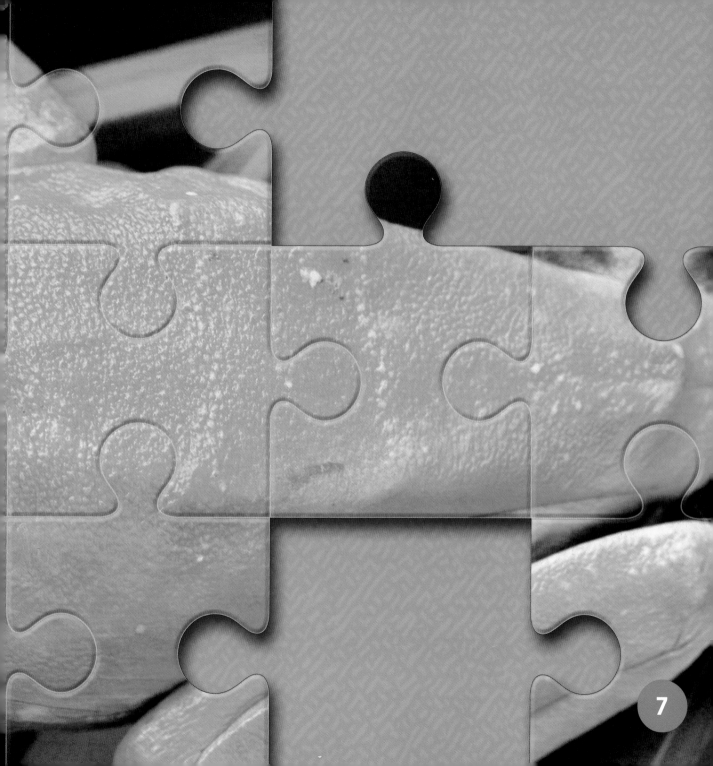

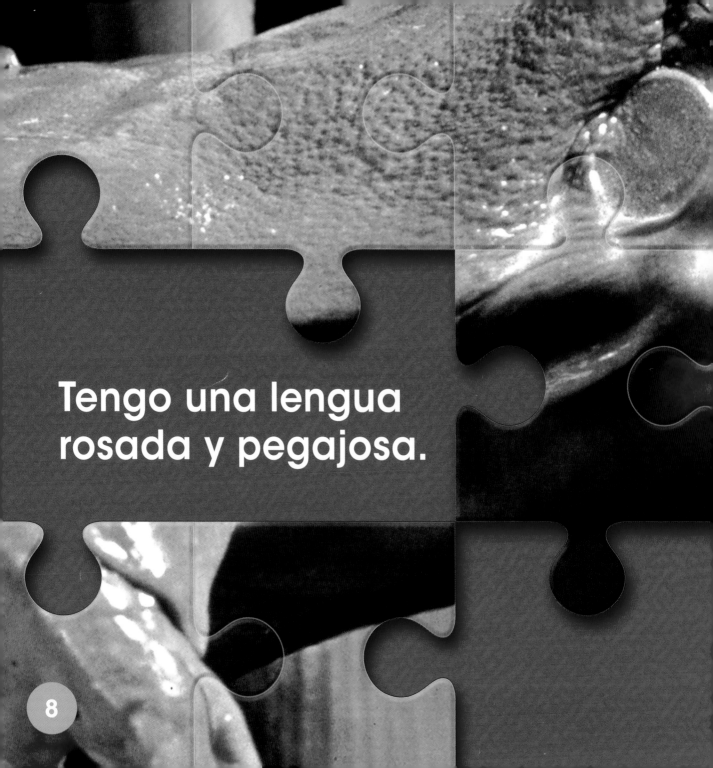

Tengo una lengua
rosada y pegajosa.

Mis patas traseras
son largas y fuertes.

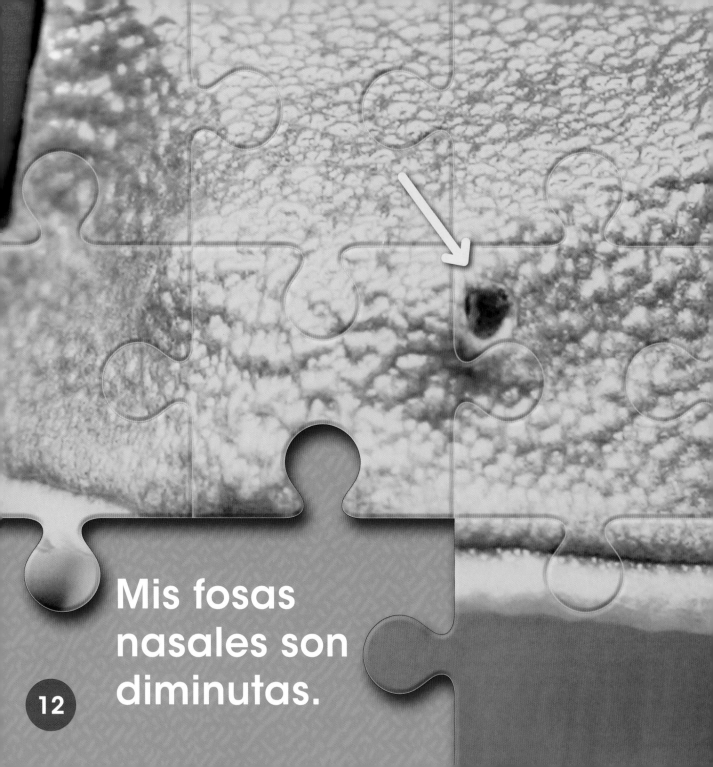

Mis fosas nasales son diminutas.

12

13

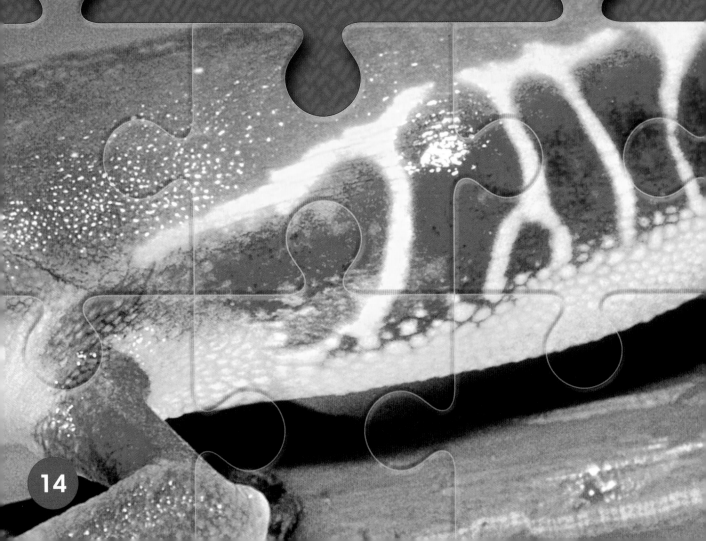

Los costados de mi
cuerpo son azules
y amarillos.

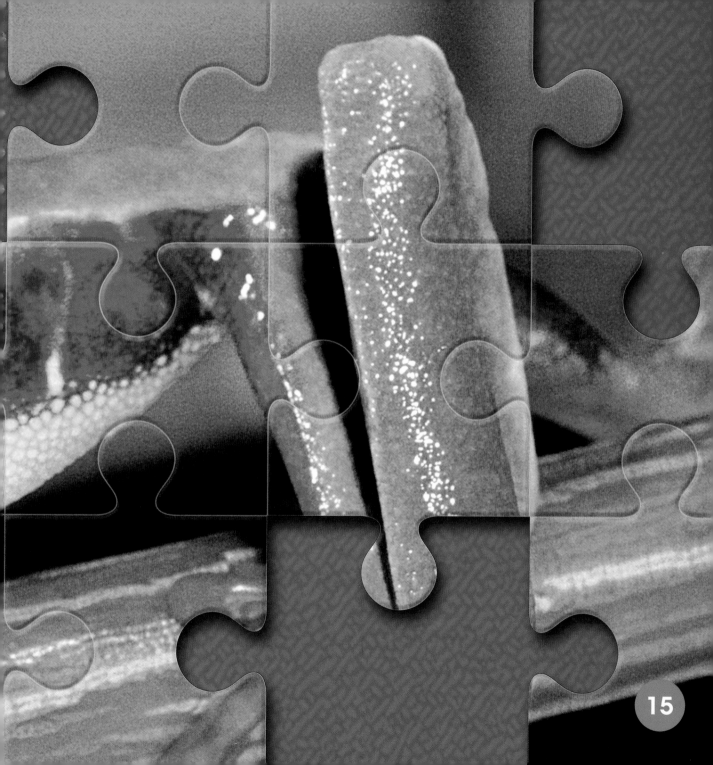

15

Mis ojos son grandes y rojos.

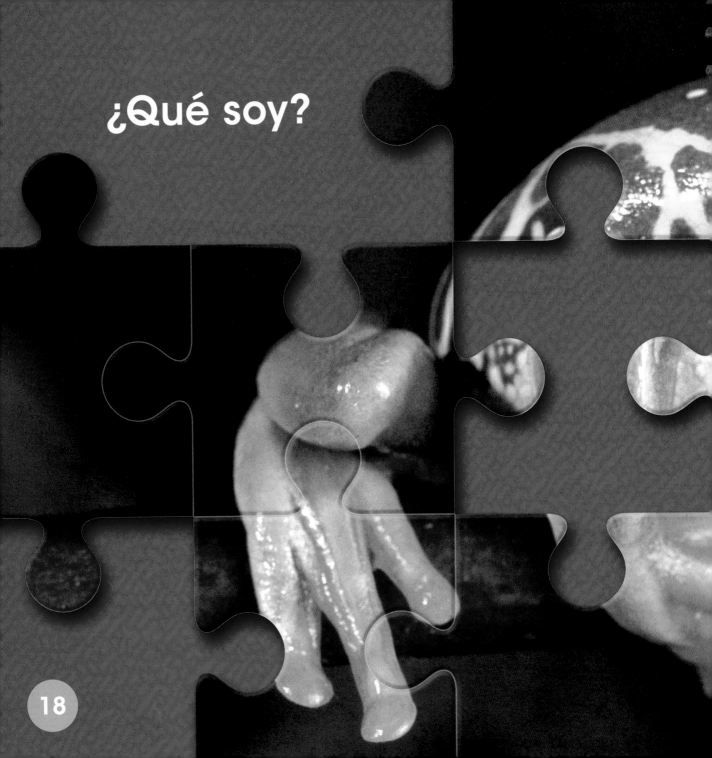

¿Qué soy?

¡Vamos a averiguarlo!

¡Soy una rana arborícola
de ojos rojos!

21

Datos sobre el animal

Las ranas arborícolas de ojos rojos son anfibias. Como la mayoría de los anfibios, empiezan su vida en el agua. Luego, se mudan a la tierra cuando crecen.

Más datos sobre las ranas arborícolas de ojos rojos

Comida:	grillos, polillas, moscas y otros insectos
Tamaño:	1,5–3 pulgadas (3,8–7,6 cm) de largo
Peso:	0,2–0,5 onzas (5,6–14 g)
Esperanza de vida:	5–8 años
Dato curioso:	Las ranas arborícolas de ojos rojos tienen almohadillas pegajosas en los dedos, que las ayudan a trepar y a sostenerse en hojas mojadas.

Tamaño de una rana arborícola de ojos rojos adulta

¿Dónde vivo?

Las ranas arborícolas de ojos rojos viven en las selvas tropicales de América del Sur y Central.

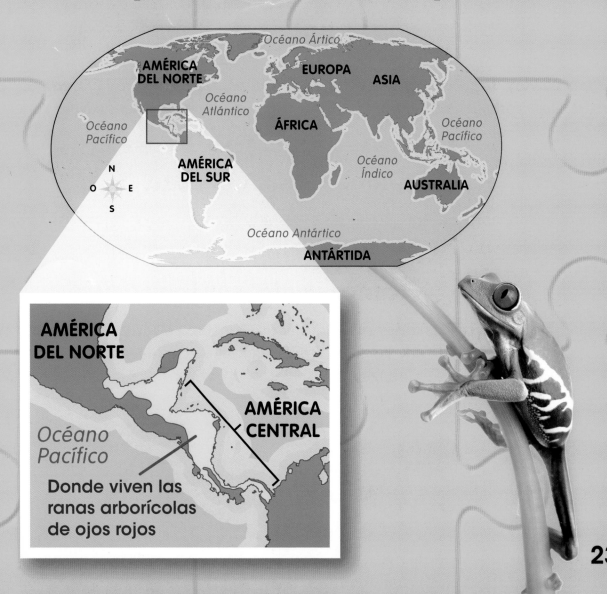

Océano Ártico

AMÉRICA
DEL NORTE

EUROPA

ASIA

Océano
Atlántico

ÁFRICA

Océano
Pacífico

Océano
Pacífico

Océano
Índico

AMÉRICA
DEL SUR

AUSTRALIA

N
O · E
S

Océano Antártico

ANTÁRTIDA

AMÉRICA
DEL NORTE

Océano
Pacífico

AMÉRICA
CENTRAL

Donde viven las
ranas arborícolas
de ojos rojos

Índice

Lee más

Cowley, Joy. *Red-Eyed Tree Frog.* New York: Scholastic (2006).

Phillips, Dee. *Tree Frog (Treed: Animal Life in the Trees).* New York: Bearport (2014).

Aprende más en línea

Para aprender más sobre las ranas arborícolas de ojos rojos, visita **www.bearportpublishing.com/ZooClues**

Acerca de la autora

Joyce Markovics vive junto al río Hudson, en Tarrytown, Nueva York. Le gusta estar rodeada de criaturas que tengan pelos, aletas y plumas.